BEI GRIN MACHT SICH IHR WISSEN BEZAHLT

Hans-Jürgen Borchardt

Warum Beispiele von Existenzgründungen und Kampagnen meistens nicht zu verwenden sind

GRIN Verlag

Bibliografische Information der Deutschen Nationalbibliothek:

Die Deutsche Bibliothek verzeichnet diese Publikation in der Deutschen National-
bibliografie; detaillierte bibliografische Daten sind im Internet über http://dnb.d-
nb.de/ abrufbar.

Impressum:

Copyright © 2013 GRIN Verlag GmbH
Druck und Bindung: Books on Demand GmbH, Norderstedt Germany
ISBN: 978-3-656-46708-3

Dieses Buch bei GRIN:

http://www.grin.com/de/e-book/213249/warum-beispiele-von-existenzgruendungen-
und-kampagnen-meistens-nicht-zu

GRIN - Your knowledge has value

Der GRIN Verlag publiziert seit 1998 wissenschaftliche Arbeiten von Studenten, Hochschullehrern und anderen Akademikern als eBook und gedrucktes Buch. Die Verlagswebsite www.grin.com ist die ideale Plattform zur Veröffentlichung von Hausarbeiten, Abschlussarbeiten, wissenschaftlichen Aufsätzen, Dissertationen und Fachbüchern.

Besuchen Sie uns im Internet:

http://www.grin.com/

http://www.facebook.com/grincom

http://www.twitter.com/grin_com

Warum Beispiele von Existenzgründungen und Kampagnen meistens nicht zu verwenden sind.

Zu den Themen Existenzgründung, Marketing, Werbung, PR etc. gibt es massenweise Literatur. Die Grundaussage der Autoren/innen ist immer gleich. An einem oder mehreren Beispielen wird dargestellt, wie einfach es ist, eine Geschäftsidee erfolgreich zu realisieren. Alles wird so einfach, so logisch und überzeugend beschrieben, dass bei den Lesern der Eindruck entsteht: Dass kann ich auch.

Wenn das alles so einfach wäre, wie es immer wieder beschrieben wird, würde die Welt voller erfolgreicher Nachahmer sein. Die Wirklichkeit sieht aber ganz anders aus, denn es gibt nur relativ wenig erfolgreiche Nachahmer.

Woran liegt das?

Jede Geschäftsidee hat ihre eigenen Bedingungen. Die 12 wichtigsten sind:

- Die Person/en
- Die Idee
- Die Kenntnisse
- Die Umfeldbedingungen
- Das Engagement
- Das Einzugs- bzw. Verbreitungsgebiet
- Der Standort
- Die Wettbewerber
- Die Marktbedingungen
- Die Startbedingungen
- Der Neuigkeitscharakter
- Die finanziellen Mittel

Die Person/en
Mentalität, Charakter, Denkweise, Reaktion, soziale Kompetenz, Ausdauer, Kontakt- und Überzeugungsfähigkeit etc. sind personengebunden und somit niemals identisch. Das hat logischerweise zur Folge, dass jede Person die bestehenden Bedingungen und Möglichkeiten unterschiedlich interpretiert und somit auch zu anderen Ergebnissen kommt.

Die Idee
Der „Erfinder" hat zu seiner Idee eine andere Einstellung als der Nachahmer. Er ist überzeugt und setzt sie -oft gegen andere Empfehlungen- durch. Außerdem ist er in einer anderen Situation. Seine Idee ist absolut neu und damit ist er **der Erste** und besetzt die Pionierposition. Vergessen wird, dass der Erste es zwar einerseits schwerer aber andererseits wesentlich leichter hat, weil die Medien über ihn berichten. Das ist kostenlose Werbung. Die Medien berichten über ihn, sein neues Angebot und die sich daraus ergebenden Vorteile für die Käufer bzw. Nutzer. Das sind entscheidende Vorteile, über den kein Nachahmer mehr verfügt. Er muss dieses Defizit mit erhöhtem Werbeaufwand ausgleichen.

Die Kenntnisse
Wenn jemand als erster eine neue Idee, ein neues Angebot realisiert, hat er sich vorher sehr lange und sehr intensiv mit dem Thema und den damit verbundenen Problemen beschäftigt. Da in den Beispielen selten die Probleme geschildert werden, die überwunden werden mussten, werden diese von den Nachfolgenden oft übersehen oder nicht in voller Größe erkannt. So kann es zu falschen Einschätzungen bzw. Entscheidungen kommen. Der Erste besitzt immer ein deutlich größeres Wissen und kann dieses auch entsprechend nutzen.

Die Umfeldbedingungen
Über die Umfeldbedingungen wird selten berichtet, obwohl sie oft einen entscheidenden Einfluss haben. Wurde der Initiator von der Frau oder der Familie unterstützt? Welche Hilfen und Unterstützungen hat er erhalten, über die nicht berichtet wurde? Haben ihm kompetente Freunde oder Bekannte geholfen? Wie groß war sein Startkapital? Konnte vorhandenes Eigentum belastet werden? Haben Freunde und Verwandte geholfen? Gab es Bürgen?

Obwohl die Umfeldbedingungen eine wichtige Größe sind, wird darüber in den meisten Beispielen nicht geschrieben. Außerdem darf nicht vergessen werden, dass die Bücher von cleveren Leuten geschrieben werden, die wissen, wie man sich selbst vermarkten kann. Und da sie erfolgreich eine Idee realisiert haben, stellen sie sich natürlich als Sieger dar. Ein Motiv, warum „heimliche" Vorteile oft nicht beschrieben werden.

Das Engagement
Wer etwas Neues entwickelt oder etwas Bestehendes deutlich verbessert, ist von der Richtigkeit seiner Zielsetzung und seiner Arbeit überzeugt. Nachahmer glauben auch an die Geschäftsidee aber sind persönlich nicht so involviert wie der Erste. Der Erfinder hat sich lange und intensiv mit allen Details auseinander gesetzt und –wie man so sagt- sein „Herzblut" eingebracht.

Die Nachfolgenden haben es leichter bzw. machen es sich leichter, weil sie glauben, dass die bestehenden Risiken durch den Ersten gelöst sind. Sie kontrollieren nur noch, oft nicht ausreichend, ob das Modell übernommen werden kann. Diese andere Grundeinstellung verhindert die intensive, die leidenschaftliche Auseinandersetzung mit der Idee.

Das Einzugs- bzw. Verbreitungsgebiet
Ein besonders häufiger Fehler ist, dass nicht ausreichend geprüft wird, ob das vorhandene Marktpotential in dem voraussichtlichen Einzugs- bzw. Verbreitungsgebiet für das eigene Angebot groß genug ist. Es leuchtet ein, dass ein Ladengeschäft für Natur-Fußbodenbeläge ein wesentlich größeres Einzugsgebiet benötigt, als ein Universal-Dienstleister für Haus- und Gartenarbeiten. Der Anbieter der Natur-Fußbodenbeläge benötigt überschlägig ein Volumen von etwa 40.000 bis 50.000 Haus- und Wohnungsbesitzern, um auf Dauer eine ausreichend große Nachfrage zu haben. Dem Universal-Dienstleister dagegen genügt ein Marktpotential von rd. 1.000 bis 1.500 Haus- und Wohnungsbesitzern.

Der Standort
Der Standort entscheidet oft über Erfolg oder Misserfolg einer Existenzgründung. Anbieter, die eine hohe Kundenfrequenz benötigen, um ihr Umsatzziel zu erreichen, müssen sich in einer zentralen oder verkehrsgünstigen Lage ansiedeln. Bei Anbietern, die zu ihren Kunden kommen, ist die Lage im Prinzip unwichtig. Spezialisten, die innerhalb einer Region ein monopolartiges Angebot haben, können sich auch außerhalb der Zentren ansiedeln.

Ein weiterer Punkt ist die Verkehrslage. Unternehmen, die sich an stark frequentierten Straßen ansiedeln –egal ob Fußgängerzone oder Hauptverkehrsstraße- haben den entscheidenden Vorteil, dass sie täglich tausende Kontakte zu den Passanten und Verkehrsteilnehmern haben, weil ihre Werbung, ihr Angebot –je nach Gestaltung- mehr oder weniger intensiv wahrgenommen wird. Sie erreichen innerhalb kurzer Zeit eine hohe Bekanntheit, ohne finanzielle Mittel für Werbung aufwenden zu müssen.

Die Wettbewerber
In den seltensten Fällen kann man ohne Wettbewerber arbeiten. Da Wettbewerb aber Kampf um die Kunden heißt, muss man seine Gegner kennen. Wenn man seine Gegner nicht kennt und sein eigenes Angebot nicht so gestaltet, dass man sich als die bessere Alternative präsentiert, erfolgt der Wettbewerb über den Preis. Der Wettbewerb über den

Preis ist aber die denkbar schlechteste Lösung, weil es immer nur eine Frage der Zeit ist, bis es irgendjemand billiger macht.

Da sich die Wettbewerber ihre Kunden nicht ohne Gegenwehr wegnehmen lassen, muss darüber nachgedacht werden, wie diese auf das eigene Angebot reagieren könnten und welche Gegenmaßnahmen geplant werden müssen, damit der eigene Erfolg nicht gefährdet wird. Ferner ist zu beachten, dass die Wettbewerbsdichte den Erfolg ebenfalls entscheidend beeinflusst.

Da hierüber selten –meistens gar nicht- geschrieben wird, müssen diese Punkte besonders beachtet werden.

Die Marktbedingungen
Die Marktbedingungen können von Region zu Region sehr verschieden sein. Was in Berlin richtig ist, gilt nicht automatisch auch für Regensburg oder Wilhelmshaven. Die Kaufkraft, das Kaufverhalten, die Verbrauchergewohnheiten, die regionalen Gepflogenheiten sind im Regelfall anders und können die Geschäftsidee mehr oder weniger stark beeinflussen.

Die Startbedingungen
Oft haben erfolgreiche Unternehmensgründer schon im Vorfeld Zusagen oder Verträge mit Abnehmern, die eine bestimmte Grundauslastung garantieren. Oder, was ebenfalls fast immer verschwiegen wird, dass der Zufall in irgendeiner Weise geholfen hat. Manchmal gibt es auch einen Geldgeber im Hintergrund, über den nicht berichtet wird. Oder: Wer nicht eine ausreichend lange Anlaufzeit einplant, dem geht, wie man so sagt „die Puste" aus.

Der Neuigkeitscharakter
Nachahmer können, wie bereits unter dem Punkt „Idee" beschrieben, diesen Vorteil entweder gar nicht oder nur begrenzt benutzen. Die Vorteile, die eine Pionierposition beinhaltet, werden oft unterschätzt. Eine Möglichkeit diese Nachteile zu vermeiden, besteht darin, das Angebot weiter zu entwickeln.

Die finanziellen Mittel
Viele Autoren, die mit ihren Erfolgsstorys glänzen, sind bei der literarischen Rekonstruktion ihrer tatsächlich aufgewendeten Mittel manchmal sehr großzügig. Deshalb sollte sich jeder ausschließlich auf *seinen* tatsächlichen Finanzbedarf konzentrieren. Auf keinen Fall darf so gerechnet werden, „dass es gerade so reicht". Wer keine ausreichenden Reserven einplant, kommt bei dem ersten nicht geplanten Zwischenfall in Schwierigkeiten.

Ein weiterer Fehler, der vielen zu Verhängnis wurde, ist, dass Unfälle, Krankheiten, insbesondere in der Startphase, völlig ausgeblendet werden. Wenn dann doch einmal etwas Derartiges passiert, ist in vielen Fällen alles verloren.

Diese kritische Darstellung soll niemanden davon abhalten, eine Geschäftsidee zu übernehmen. Das Ziel dieses Beitrages ist, bereitwilligen Existenzgründern die „blinde" Euphorie zu nehmen und die vorhandenen und möglichen Schwierigkeiten aufzuzeigen. Wer weiß, was ihn erwartet, kann entsprechend planen und die Bedingungen für sich optimieren.

Die Alternative für Existenzgründer: Das Franchising
Eine Alternative für Existenzgründer ist das Franchising. Diese Form der Existenzgründung bietet eine relative Sicherheit, weil der Erfinder der Geschäftsidee sein gesamtes Wissen, sein Know-how offen legt und klare Vorgaben und Verhaltensregeln für die Realisierung gibt. Sein Ziel ist es, dass die Franchisingnehmer erfolgreich sind, weil er nur dann seine Umsatzbeteiligung erhält.

Ein weiterer Vorteil des Franchisings ist, dass auf Grund der vorhandenen Erfahrungen bekannt ist, wie viel Startkapital benötigt wird. Und: In der Regel ist es leichter ist mit der Bank zu verhandeln, weil die Geschäftsidee sich bereits (vielfach) bewährt hat und das Zahlenmaterial authentisch ist.

Hans-Jürgen Borchardt